Adorno / Horkheimer

&

A Dialética do Esclarecimento

Coleção **PASSO-A-PASSO**

CIÊNCIAS SOCIAIS PASSO-A-PASSO
Direção: Celso Castro

FILOSOFIA PASSO-A-PASSO
Direção: Denis L. Rosenfield

PSICANÁLISE PASSO-A-PASSO
Direção: Marco Antonio Coutinho Jorge

Ver lista de títulos no final do volume

Rodrigo Duarte

Adorno / Horkheimer & A Dialética do Esclarecimento

3ª reimpressão

ZAHAR

Jorge Zahar Editor Ltda.
rua Marquês de S. Vicente 99 – 1º
22451-041 Rio de Janeiro, RJ
tel (21) 2529-4750 | fax (21) 2529-4787
editora@zahar.com.br | www.zahar.com.br

3ª reimpressão: 2011

Capa: Sérgio Campante

Composição eletrônica: TopTextos Edições Gráficas Ltda

CIP-Brasil. Catalogação-na-fonte
Sindicato Nacional dos Editores de Livros, RJ

Duarte, Rodrigo Antonio de Paiva, 1957-
D874a Adorno/Horkheimer & A dialética do esclarecimento / Rodrigo Duarte. — Rio de Janeiro: Zahar, 2002.
(Filosofia passo-a-passo; 4)

Inclui bibliografia
ISBN 978-85-7110-635-2

1. Adorno, Theodor W., 1903-1969. A dialética do esclarecimento. 2. Horkheimer, Max, 1895-1973. A dialética do esclarecimento. 3. Filosofia alemã. I. Título. II. Série.

04-1167 CDD: 193
CDU: 1(430)

Sumário

Relevância da obra

Em se tratando de filosofia, a atualidade nem sempre pode ser considerada um critério de relevância: há muitos exemplos de filósofos que, sob certo aspecto, não podem ser considerados nem um pouco "atuais", já que produziram em contextos geográficos e históricos muito distanciados do nosso. Não obstante, ninguém lhes negará o valor filosófico e eles são considerados "clássicos" do pensamento. Tal é o caso de gregos antigos como Platão e Aristóteles, de medievais como Agostinho ou Tomás de Aquino e de modernos como Descartes, Rousseau, Kant ou Hegel (eu incluiria ainda Marx e Nietzsche nessa lista, mas adianto que não seria consensual). Em se tratando da filosofia contemporânea — considerando-se aquela surgida a partir de inícios do século XX —, na falta de maior distanciamento histórico não existem clássicos consagrados, mas tão-somente filósofos "candidatos" ao título, como Wittgenstein, Husserl ou Heidegger. Caso se levasse em consideração não apenas autores, mas também obras do século XX, certamente seria o caso de se incluir a *Dialética do Esclarecimento*, de Theodor Adorno e Max Horkheimer, no rol das obras clássicas da filosofia contemporânea.

Aos critérios normalmente considerados para a inclusão de autores e/ou obras na lista de clássicos — como, por exemplo, a profundidade do enfoque filosófico e a centralidade da discussão em termos da história da filosofia (importância dos autores que influenciaram o pensamento aliada à proficuidade das discussões que ele gerou) —, a *Dialética do Esclarecimento* soma ainda uma enorme atualidade dos temas por ela abordados, o que a torna uma obra verdadeiramente ímpar, não apenas no cenário da filosofia contemporânea, mas também em todo o pensamento ocidental. O livro, editado originalmente em 1947 pela Querido Verlag, de Amsterdã, trata — pela primeira vez em um compêndio filosófico — de temas de enorme atualidade, como a devastação da natureza pelo homem, a opressão das mulheres, o racismo e a estultificação das pessoas pelos meios de comunicação massiva. Sua idéia nucleadora, como se verá adiante, é a de que o processo civilizatório, no qual o homem aprendeu progressivamente a controlar a natureza em seu próprio benefício, acaba revertendo-se no seu contrário — na mais crassa barbárie —, em virtude da unilateralidade com que foi conduzido desde a idade da pedra até nossos dias.

Já no texto inicial, "Conceito de Esclarecimento", os autores exploram essa idéia, assinalando que a mitologia mais remota de nossa civilização já contém certo elemento "esclarecedor": pretende organizar o mundo com os instrumentos que possui à sua disposição, cuja precariedade material é compensada com aspectos ideológicos associados à crença e ao culto. Segundo eles, de modo análogo, a superdesenvolvida ciência de nossa época, ao invés de extirpar de vez a crendice e a superstição, acaba engendrando uma nova mitologia.

A planejada manutenção do povo em um estado de ignorância é apontada no capítulo "Indústria cultural. Esclarecimento como mistificação das massas". Aqui os autores denunciam que, a despeito de sua postura aparentemente democrática e liberal, a cultura massificada realiza impiedosamente os ditames de um sistema de dominação econômica que necessita, entretanto, de uma concordância — pelo menos tácita — das pessoas para a legitimação de sua existência.

O outro texto principal da *Dialética do Esclarecimento*, "Os elementos do anti-semitismo", introduz também uma problemática de grande atualidade: o racismo. Embora os autores se concentrem na discussão do fenômeno que estava na ordem do dia nos anos 1940, o anti-semitismo nazista, eles o investigam de um modo tal que o importante passa a ser a compleição psíquica daquele que discrimina e persegue, sua estrutura de caráter.

Se do ponto de vista do embasamento filosófico a *Dialética do Esclarecimento* pode ser considerada uma obra clássica da filosofia contemporânea, em razão da amplitude de sua temática e do profícuo diálogo estabelecido com a tradição filosófica, sua relevância reside também no fato de que temas do nosso cotidiano aparecem desenvoltamente em suas páginas, tornando-a, como já se disse, um exemplo ímpar de conciliação entre rigor filosófico e atualidade temática.

Não há nenhum episódio marcante da vida moderna que não seja uma exemplificação das teses principais da *Dialética do Esclarecimento*, das duas guerras mundiais (com suas conseqüências, como os regimes totalitários) à guerra fria, da queda do muro de Berlim aos atentados terroristas nos Estados Unidos, em setembro de 2001. Essa é uma das razões pelas quais, após mais de cinqüenta anos de sua publicação — e para além da sua profundidade propriamente filosófica —, a *Dialética do Esclarecimento* pode ser considerada um poderoso instrumento para a compreensão de importantes fenômenos da atualidade, por mais desconcertantes que eles possam parecer à primeira vista.

Introdução à obra

Contexto de surgimento. No início da década de 1920, a esquerda na Alemanha não tinha perspectivas políticas muito animadoras: ou apoiava a centro-esquerda social-democrata, no poder desde 1919, ou fazia, dentro do Partido comunista alemão, sob a liderança de Moscou, oposição à social democracia, denunciando seu governo como uma estratégia das potências mais industrializadas para manter o país no atraso e na humilhação que a derrota na I Guerra Mundial havia imposto. Mas havia ainda uma outra possibilidade — mais adequada aos intelectuais de esquerda —, que seria se voltar para uma investigação mais teórica com o objetivo de ampliar os horizontes do marxismo e, a médio prazo, possibilitar a correção dos rumos da política realizada até então, abrindo novas perspectivas para o futuro.

Essa opção mais teórica se concretizou a partir da iniciativa de um recém-doutorado em ciência política pela universidade de Tübingen, Felix Weil, que organizou no verão de 1922, em Ilmenau, a Primeira Semana Marxista de Trabalho (Erste marxistische Arbeitswoche), com a participação de intelectuais que se tornaram posteriormente conhecidos como fundadores do marxismo ocidental: Georg Lukács, Karl Korsch, Friedrich Pollock e Karl Wittfogel, dentre outros.

O encontro teve tanto sucesso que se começou a pensar na possibilidade de tornar constantes as discussões teóricas no âmbito do pensamento de esquerda através da criação de um instituto de pesquisa. O próprio Felix, cujo pai enriquecera imensamente exportando cereais a partir da Argentina, ofereceu os recursos materiais para isso, e no período que se seguiu vários interessados trabalharam na elaboração do projeto de um instituto que seria sediado junto à liberal Universidade de Frankfurt, mas com um estatuto próprio que garantisse sua independência com relação à administração central da universidade. Isso era de vital importância, pois os criadores do planejado Instituto para o Marxismo (Institut für Marxismus), que depois teve o nome definitivo — mais neutro — de Instituto para a Pesquisa Social (Institut für Sozialforschung), queriam a todo custo defender a liberdade de abordar temas ainda considerados tabu no ambiente acadêmico.

O instituto iniciou suas atividades em 1924 e, após um período em que predominara um marxismo acadêmico ainda um pouco ortodoxo, o filósofo Max Horkheimer assumiu a diretoria, em 1931, propondo uma espécie de síntese entre a filosofia clássica e as ciências humanas, entre o marxismo e certa vanguarda do pensamento burguês, corporificadas, à época, principalmente pela sociologia weberiana e pela psicanálise freudiana.

Nesse início da década de 1930, como se sabe, a situação política na Alemanha deteriorara-se visivelmente em virtude da crise econômica e da incapacidade de os social-democratas realizarem alianças que os sustentassem no governo. Em 1933 Adolf Hitler chegou ao poder, desmantelando todos os potenciais focos de resistência democrática e socialista à tirania nazista, e o Institut foi um dos primeiros alvos da Gestapo (em 13 de março de 1933 foi invadido e posteriormente fechado pela polícia). Horkheimer, já anteriormente inseguro pelos acontecimentos que culminaram com o estabelecimento do nazismo, desde o início de sua gestão providenciava em Genebra um escritório do instituto que poderia servir como sede alternativa no caso de um revés político.

Nesse momento começou um período de exílio do instituto, embora nem todos os seus membros estivessem ainda convencidos da necessidade de deixar a Alemanha. Apesar de o instituto ter aberto, além de em Genebra, escritórios em Paris e Londres, nos anos seguintes à ascensão do nazismo, ia se tornando claro para Horkheimer que a Europa em breve poderia não ser mais segura para um empreendimento acadêmico com a natureza do instituto, e ele acabou aceitando uma oferta da Columbia University para seu estabelecimento em Nova Iorque. Em 1934 emigrou para os EUA, seguido posteriormente por seus colaboradores mais próximos, quase todos judeus e marxistas — correndo, portanto, duplo perigo de perseguição pelos nazistas na Alemanha.

Theodor Adorno, até sua chegada em Nova Iorque em 1938, não esteve entre os colaboradores mais próximos de Horkheimer. De 1933 até essa época, após ter tido sua recém-obtida autorização para lecionar em cursos superiores cassada pelos nazistas, ele tentou — sem muito sucesso — viver como crítico de música em Berlim e obteve posteriormente uma bolsa de estudos para a Inglaterra, onde residiu, alternadamente com períodos na Alemanha, por cerca de três anos. Adorno chega aos EUA sem saber exatamente o que seria o projeto de pesquisa em rádio para o qual, através de Horkheimer, recebera um convite de Paul Lazarsfeld.

Sob o impacto do novo e radicalmente diferente ambiente de trabalho, Adorno escreve o artigo "Sobre o caráter de fetichismo e a regressão da audição" e termina seu ensaio, começado em Oxford, sobre Richard Wagner, além de escrever vários textos em inglês, com conexão mais direta com o "projeto". Esses trabalhos, segundo o próprio Adorno, constituíram o fundamento de sua *Filosofia da nova música*, escrita nos anos 40. Nessa fase de seu trabalho teórico, dividindo o tempo entre o Institute for Social Research sediado junto à Columbia University e o laboratório de

Newark (Nova Jersey), comandado por Lazarsfeld, Adorno se aprofundou no conhecimento factual dos principais mecanismos de funcionamento da indústria radiofônica, tornando-se para ele cada vez mais evidente o caráter essencialmente manipulatório e opressor dos mesmos, ainda quando ela declarava os fins eminentemente culturais de seus produtos.

Em 1941 termina a participação de Adorno no projeto e ele se muda para os arredores de Los Angeles, próximo ao local onde Horkheimer já residia há algum tempo. Esse período é fundamental para o surgimento da *Dialética do Esclarecimento*, pois a colaboração teórica com Horkheimer estreita-se e eles encaram juntos um antigo projeto de escrever um livro sobre a dialética. A partir daí, discutem o assunto e ditam o resultado das discussões para Gretel, mulher de Adorno. Este tem também a oportunidade de acompanhar de perto o funcionamento da já imensa maquinaria da indústria cinematográfica, já que os filósofos residem não muito longe de Hollywood. Segundo consta, Adorno até freqüentou os bastidores da sétima arte, e é dessa sua familiarização com a cultura de massas e da cooperação intelectual com Horkheimer que surge em 1944 a primeira versão da *Dialética do Esclarecimento*.

Principais influências filosóficas dos autores. No que diz respeito às influências teóricas sobre os autores da *Dialética do Esclarecimento*, é importante distinguir os filósofos que influenciaram individualmente cada um deles — como por exemplo Schopenhauer em relação a Horkheimer e Kierkegaard em relação a Adorno — daquelas influências que constituíram uma espécie de estofo filosófico comum a ambos. Embora pudessem ser mencionados outros autores e suas obras, parece-me que os principais são Immanuel Kant, Georg W.F. Hegel, Karl Marx, Friedrich Nietzsche e Sigmund Freud.

Quanto a Kant, Horkheimer, assim como Adorno — oito anos mais novo —, foi aluno de um neokantiano que lecionava em Frankfurt chamado Hans Cornelius. Tanto a tese de doutorado de Horkheimer quanto sua *Habilitation* (o segundo trabalho teórico normalmente exigido na Alemanha para aqueles que desejam seguir carreira acadêmica) tratavam de temas kantianos. A tese, "Sobre a antinomia da faculdade teleológica de juízo", orientada por Cornelius e redigida e defendida em 1922, referia-se diretamente à segunda parte da *Terceira crítica*, de Kant; a tese de habilitação "Sobre a *Crítica da faculdade de juízo* de Kant como elemento de ligação entre a filosofia teórica e a prática", Horkheimer escreveu já na qualidade de assistente de Cornelius.

Algo semelhante ocorre com Adorno em relação a Kant, pois, segundo relatam seus biógrafos, já aos 14 anos o filósofo iniciou pela primeira vez a leitura da *Crítica da razão pura*, na companhia de Sigfried Kracauer, um amigo da família alguns anos mais velho que Adorno que se notabilizou posteriormente como um importante teórico do cinema. Apesar de o tema de sua tese de doutorado ter sido Edmund Husserl, Adorno também escreveu em 1927 uma proposta de tese de habilitação — igualmente sob a orientação de Cornelius — sobre um tema que tangenciava a filosofia transcendental de Kant, ainda que introduzisse um elemento novo, a saber, a psicanálise freudiana. O escrito, intitulado "O conceito do inconsciente na doutrina transcendental da alma", foi recusado como tese de habilitação, tendo Adorno redigido então seu trabalho sobre Kierkegaard, que foi aceito sem problemas. De qualquer modo, a exemplo do que ocorrera com Horkheimer, a filosofia de Kant foi um marco referencial importante para a formação do pensamento de Adorno.

No que tange à influência de Hegel, assistimos, por exemplo, a Horkheimer apresentando seu *début* como livre docente na Universidade de Frankfurt, em 1925, com uma palestra e um curso sobre as relações entre Kant e Hegel — dando, com isso, um passo importante para se libertar da esfera de influência de seu mestre Hans Cornelius — exclusivamente kantiano — rumo à constituição de seu próprio pensamento. Além disso, como se viu acima, a própria *Dialética do Esclarecimento* surgiu a partir de uma antiga idéia de Horkheimer de escrever um livro sobre as vicissitudes e possibilidades da dialética — no sentido hegeliano do termo — na contemporaneidade (se a obra escrita a quatro mãos com Adorno se distanciou muito desse plano inicial, isso talvez possa ser explicado pelo contexto de turbulência histórica à época da redação, aliado aos seus reflexos sobre os espíritos de ambos os filósofos).

Adorno igualmente se deixou influenciar pelo hegelianismo, mas é preciso observar que, em princípios do século XX, o neokantismo era muito mais influente no meio acadêmico e cultural do que a filosofia de Hegel ou de neo-hegelianos. No entanto, uma das primeiras influências sobre Adorno foi a leitura do Lukács da *Teoria do romance*, i.e., um Lukács ainda não marxista, mas já bem hegeliano (e não mais kantiano como anteriormente). Uma outra influência hegeliana indireta sobre Adorno foi a do Ernst Bloch do *Espírito da utopia* — obra que, aliás, já marca o surgimento do marxismo *sui generis* de Bloch.

E com isso chegamos à influência mais decisiva para o surgimento do que ficou conhecido depois como "teoria crítica da sociedade": Karl Marx. Como se viu acima, o Instituto para a Pesquisa Social foi criado com o objetivo de abrir espaço para uma reflexão marxista, a qual não seria acolhida em nenhuma outra instituição acadêmica até então existente. Embora Horkheimer não fosse filiado ao Partido Comunista Alemão, ao contrário de muitos dos pesquisadores ligados ao Instituto, desde finais da década de 1920 ele vinha se interessando cada vez mais pela obra de Marx, e após sua escolha para a direção do Instituto aproximou-se mais ainda do pensamento marxista. Caso nos atenhamos apenas aos escritos de Horkheimer produzidos anteriormente à redação da *Dialética do Esclarecimento*, é de especial importância mencionar seu opúsculo "Teoria tradicional e teoria crítica", publicado em 1937 na *Revista para a Pesquisa Social*, do instituto, texto que, segundo o autor, pretendia ser uma homenagem aos sessenta anos de publicação do primeiro volume de *O capital*, de Marx, e propunha a necessidade de toda teoria social ser eminentemente crítica e transformadora da realidade.

Já vimos que algumas das influências neo-hegelianas sobre Adorno já eram também marxistas, como Ernst Bloch, e até mesmo o amigo Kracauer, de modo que ele se formou respirando uma espécie de neomarxismo que se formava no ambiente intelectual da República de Weimar. Uma das conseqüências mais evidentes da influência de Marx sobre Adorno, anterior à redação da *Dialética do Esclarecimento*, é o seu texto "O fetichismo na música e a regressão da audição", publicado numa *Revista para a Pesquisa Social* de 1938, no qual o filósofo procura transpor a concepção de fetichismo da mercadoria, tal como aparece no livro I de *O capital*, para a análise crítica da cultura mercantilizada, a qual se encontrava, já então, em franco progresso em todo o mundo ocidental.

Nietzsche constitui o caso mais complexo dentre as influências principais sobre Adorno e Horkheimer mencionadas aqui. Pois se o marxismo era considerado tabu nos meios institucionais e no seio de uma opinião pública ainda bastante conservadora, a filosofia de Nietzsche, após uma bem planejada estratégia "mercadológica" de Elisabeth Foster-Nietzsche, irmã do filósofo e herdeira do seu espólio, havia se tornado, nas primeiras décadas do século XX, uma espécie de pensamento oficial da direita alemã. O recurso a Nietzsche não pareceria justificável a filósofos que estavam exatamente — contra as forças reacionárias — ajudando a consolidar um pensamento de esquerda mais sintonizado com as questões que a sociedade de massas que se formava no início do século estava colocando, muitas delas inexistentes à época que Marx produzira o principal de sua obra. Mas o fato é que, de modo diferenciado, Nietzsche influenciou decisivamente o período de formação e a produção anterior à *Dialética do Esclarecimento*.

No que concerne a Horkheimer, verifica-se um posicionamento a princípio negativo em relação a Nietzsche, expresso, por exemplo, em "Ocaso. Anotações na Alemanha", conjunto de aforismos redigidos entre 1926 e 1931. Em seu ensaio de 1933, "Materialismo e moral", entretanto, Horkheimer é menos enfático em sua crítica a Nietzsche, e na sua resenha "Observações sobre o *Nietzsche* de Jaspers" (1937), parece perceber inteiramente a dimensão libertária do pensamento de Nietzsche quando declara:

> O cristianismo — antes de tudo Lutero —, o entusiasmo patriótico: todos os modos de enevoar a realidade dada pareciam a ele [Nietzsche] o sinal de uma nova barbárie. As satisfações substitutivas da pequena burguesia, seitas metafísicas e outras, o culto germânico, o anti-semitismo, o repugnavam. Seu objetivo era um futuro no qual sobre a base de um domínio da natureza claramente superior incontáveis forças humanas serão libertadas. O conceito do além-do-homem descreve esse estado.

Adorno tomou contato com o pensamento de Nietzsche ainda como colegial, aos 16 anos de idade. Uma das primeiras referências explícitas ao seu pensamento aparece na mencionada tese de habilitação não aceita, "O conceito do inconsciente na doutrina transcendental da alma", e não é elogiosa, referindo-se à "filosofia do poder" como estando na origem do irracionalismo que culminou na ideologia nazista. A virada favorável a Nietzsche ocorre, no entanto, na obra de Adorno de 1937-8, "Ensaio sobre Wagner". Nela Adorno dá razão a Nietzsche em seus argumentos contra Wagner, constatando as enormes afinidades eletivas existentes entre vários elementos da obra wagneriana e o discurso nacional socialista.

O último autor que pode ser considerado como uma influência comum a Horkheimer e Adorno é Sigmund Freud. Numa época em que a psicanálise era ainda bastante estigmatizada, Horkheimer foi um dos primeiros a reconhecer sua importância, tendo se submetido, entre 1928 e 1929, a sessões com Karl Landauer, um antigo aluno de Freud. Incentivou também a criação de um Instituto de Psicanálise em Frankfurt, o qual se tornou o primeiro do gênero a funcionar junto a uma universidade alemã. É provável que Horkheimer tenha atuado nos bastidores para a concessão do Prêmio Wolfgang Goethe a Freud em 1929, a qual enfrentou muita resistência mesmo dentro da universidade. Martin Jay menciona a existência de cartas do próprio Freud a Horkheimer agradecendo pelo apoio prestado à difusão da psicanálise na Alemanha.

Já o interesse de Adorno pela obra de Freud era mais teórico do que prático; ele nunca se submeteu à psicanálise, porém foi um dos primeiros a tentar abordagens da nova teoria de um ponto de vista da filosofia clássica alemã, como se viu pelo tema de sua primeira tese de habilitação. Em todos os seus trabalhos importantes da década de 1930 aparecem referências à psicanálise, ou, antes, tentativas de se apropriar dela com objetivos de empreender uma crítica da cultura contemporânea. Dessa forma, não apenas em ensaios — como o mencionado "Fetichismo na música e a regressão da audição", "Sobre a música popular", "Sobre o jazz" — mas também em seu livro sobre Wagner, Adorno faz um uso cada vez mais evidente de conceitos oriundos da psicanálise, porém sempre voltado para a análise de objetos estéticos.

As discussões teóricas no Instituto para a Pesquisa Social. É importante assinalar que, além das influências filosóficas mencionadas, a discussão de temas relativos às condições de produção e recepção dos bens culturais sob a regência do capitalismo tardio não era novidade no Instituto de Pesquisa Social, após a escolha de Horkheimer como diretor — especialmente na segunda metade dos anos 1930. Dentre os inúmeros escritos concernentes ao assunto produzidos no período, dois são especialmente importantes para a discussão que levou à formulação da *Dialética do Esclarecimento*: "A obra de arte na era da reprodutibilidade técnica", de Walter Benjamin, e "O caráter afirmativo da cultura", de Herbert Marcuse. Ambos os textos constituem uma denúncia da dimensão ideológica da arte entendida num sentido convencional.

No texto de Marcuse, as mais elevadas manifestações artísticas são entendidas como parte do que ele chama de "cultura afirmativa", i.e., as obras de arte mais sublimes servindo como compensação para a falta de acesso das classes subalternas, a partir da ascensão da burguesia, à igualdade por ela prometida quando era ainda uma "classe revolucionária". Como, na prática, o advento do capitalismo em parte aprofundou ainda mais as desigualdades existentes, a cultura — elevada, desde o Renascimento, à sua máxima potência criativa — passa a desempenhar um papel crucial na sinalização de que, em princípio, todos podem usufruir dos valores supremos, entre os quais a beleza se enquadra perfeitamente.

Pode-se destacar como a principal contribuição desse texto de Marcuse para a temática desenvolvida na *Dialética do Esclarecimento* a descoberta precoce de que o construto estético, nesses três séculos de predomínio burguês, tem se constituído como um elemento ideológico para a manutenção dos *status quo*. A principal deficiência desse texto de Marcuse é que faltam a ele instrumentos teóricos que permitam uma diferenciação mais substancial entre a cultura — a arte — no sentido tradicional e sua versão industrializada, que começa a predominar no início do século XX, primeiramente nos EUA e depois no resto do mundo.

Essa distinção enfática entre a arte e a expressão estética mediada pelos processos de duplicação industrial foi estabelecida de modo pioneiro por Walter Benjamin no ensaio mencionado acima. De modo análogo ao artigo de Marcuse, Benjamin chama a atenção para o potencial de dominação dos conceitos consagrados pela estética tradicional, "como o de 'criação', 'genialidade', 'valor eterno', e segredo. Conceitos cujo emprego incontrolado (e hoje dificilmente controlável) leva ao processamento dos materiais no sentido fascista."

A contribuição mais importante de Benjamin para a necessária distinção entre a arte no sentido convencional e a arte reprodutível é a elaboração do conceito de "aura" — característica da primeira que falta totalmente nessa última, pois mesmo na mais perfeita reprodução falta "o aqui e agora da obra de arte — sua existência singular no local no qual ela se encontra". De acordo com Benjamin, na obra de arte tecnicamente reprodutível não vem ao caso a legitimidade: o original não conserva mais qualquer autoridade diante da reprodução manual (tachada normalmente de falsificação).

A reprodução por meios técnicos leva a um grande abalo na tradição, que segundo Benjamin é uma espécie de contrapartida estética dos movimentos de massa do início do século XX. Esse aspecto "progressista" da reprodutibilidade técnica é enfatizado pelo filósofo a partir da distinção entre "valor de culto" e "valor de exposição" da obra de arte. O primeiro, típico da obra de arte convencional, tem o seu fundamento no ritual, no qual ela tinha o seu valor de uso originário. A invenção da fotografia foi contemporânea do surgimento do socialismo, coincidindo com a crise do padrão da legitimidade na produção da arte e, por conseguinte, com um momento em que toda a função social da arte foi subvertida.

Com o advento dos novos métodos de reprodução técnica da obra de arte, sua possibilidade de ser exposta cresceu vertiginosamente: na fotografia, o valor de exposição já começa a mandar para o segundo plano o valor de culto, mas isso se torna ainda mais evidente com o advento do cinema. Em relação a esse último, Benjamin chama a atenção para uma série de características novas, tais como a transformação do sentido do desempenho do ator quando esse se apresenta não para um público, mas para uma aparelhagem, e as repercussões que as infinitas possibilidades de corte e montagem têm para a linguagem cinematográfica em geral. Não escapou a Benjamin, mesmo nos primórdios do cinema, uma característica que se mostrou fundamental nas décadas posteriores (e até hoje): o culto à personalidade dos astros e estrelas, o qual funciona como uma espécie de compensação ao decréscimo na importância da capacidade do ator.

O entusiasmo de Benjamin pelo cinema não era ingênuo, pois ele sabia que também a indústria cinematográfica, tal como existia já nos anos 30 (e existe ainda hoje), estava majoritariamente nas mãos do grande capital, ao qual não interessava de modo algum a possível função revolucionária e emancipatória que o cinema poderia vir a ter. Ele achava, no entanto, que, de qualquer modo, o meio tecnológico tinha um impacto inegável tanto sobre a produção quanto sobre a recepção dos objetos estéticos, o que o tornava essencialmente crítico.

Por outro lado, apesar da enorme contribuição do texto sobre a reprodutibilidade técnica da arte, seu caráter potencialmente apologético dos meios de comunicação que representavam também um perigo para a possibilidade de agentes sociais íntegros e autônomos foi percebido por Adorno em seu artigo sobre o fetichismo na música. A parte desse texto que mais claramente trai sua oposição ao ensaio de Benjamin é a segunda metade, sobre o lado subjetivo da reificação da esfera da cultura no capitalismo tardio, na qual

Adorno tratou especificamente da "regressão da audição", termo que denota a incapacidade crescente do grande público de avaliar aquilo que é oferecido aos seus ouvidos pelos monopólios culturais.

É importante assinalar que, além de ter proporcionado o início da discussão que deu origem ao capítulo sobre a indústria cultural da *Dialética do Esclarecimento*, Benjamin deu também uma contribuição decisiva *post mortem* para a elaboração da obra: o manuscrito de suas "Teses sobre a filosofia da história" chegou às mãos de Adorno em junho de 1941, por intermédio de Hannah Arendt, que, em fuga da Europa, passou por Port-Bou, onde alguns meses antes Benjamin havia se suicidado, e lá recebeu a incumbência de entregar seu espólio intelectual a Adorno. Sobre a importância dessas "teses" para o projeto da obra em conjunto com Horkheimer, Adorno declarou que "nenhum dos trabalhos de Benjamin mostra-o tão próximo de nossas próprias intenções. Principalmente no tocante à idéia da história enquanto catástrofe permanente, a crítica ao progresso e ao domínio da natureza e o posicionamento com relação à cultura."

Adorno referia-se provavelmente à crítica à noção da história como um *continuum*, que progride sempre em direção ao que é melhor, tal como acreditavam os social-democratas — destacando-se, no que tange à importância para a *Dialética do Esclarecimento*, a interpenetração entre cultura e barbárie.

Tendo em vista o recrudescimento da II Guerra Mundial, com a perseguição aos judeus transformando-se em extermínio, e outras razões de ordem mais prática, o plano inicial de escrever uma obra sobre a dialética foi modificado: os capítulos sobre a indústria cultural e sobre o anti-semitismo, que não constavam do planejamento inicial, foram incorporados ao longo da redação da obra, que em 1944 circulou, em forma mimeografada, entre os colegas do Instituto, sob o título de "Fragmentos filosóficos" até ser publicada em 1947, sob o nome definitivo de *Dialética do Esclarecimento*. Esse título aparentemente foi sugerido numa carta de Adorno a Horkheimer, na qual ele menciona a expressão como sinônimo da interpenetração entre cultura e barbárie que caracteriza a sociedade ocidental contemporânea.

Idéias principais da obra

Com o objetivo de expor as idéias principais da obra, obedecerei à divisão proposta pelos autores, com exceção dos dois excursos relativos à primeira parte, que, a despeito da disparidade temática (um sobre a *Odisséia* de Homero, outro sobre a moral burguesa, tendo em vista Kant, De Sade e Nietzsche), serão sucintamente tratados num mesmo tópico. As notas e esboços não serão consideradas, já que, em sua maioria, são apenas exemplificações das teses desenvolvidas nos textos principais.

Conceituando o Esclarecimento. A primeira parte da *Dialética do Esclarecimento*, intitulada "Conceito de Esclarecimento", tem como objetivo elucidar o escopo da racionalidade restritiva que tem caracterizado o desenvolvimento da civilização ocidental, cujo programa "era o desencantamento do mundo. Ele [o Esclarecimento] queria dissolver os mitos e desbancar a crendice através do conhecimento." Em outras palavras, tal conhecimento, oriundo do medo ancestral do homem diante das ameaçadoras forças naturais, se corporificou no conceito moderno de "técnica", que não tem como objetivo a felicidade do gênero humano, mas apenas uma precisão metodológica que potencialize o domínio sobre a natureza.

Adorno e Horkheimer apontam que nisso reside um aspecto essencialmente repressivo do esclarecimento, pois "só é suficientemente duro para romper os mitos o pensamento que pratica violência contra si mesmo", e o caminho para a consolidação do poder sobre a natureza se caracteriza por uma desistência, por parte do gênero humano, de buscar um sentido para sua vida. O mundo se torna um campo de exploração sistemática a partir de um entendimento que se restringe cada vez mais, buscando sempre a redução da multiplicidade das coisas à unidade do pensamento.

Os autores vêem nessa abordagem do mundo consagrada pelo conhecimento científico, no sentido moderno do termo, algo que vai muito além de um engano apenas teórico: eles detectam a ocorrência de uma alienação dos homens com relação às coisas, pagando o acréscimo do seu poder sobre elas com um estranhamento para com o objeto mesmo do seu poder. Os autores transpõem continuamente o plano da gnosiologia em direção ao da ética e filosofia política: "A distância do sujeito ao objeto, pressuposto da abstração, baseia-se na distância à coisa, que o senhor adquire através do dominado ... . A universalidade dos pensamentos, tal como a lógica discursiva a desenvolve, a dominação na esfera do conceito, eleva-se ao fundamento da dominação na realidade."

A profundidade da alienação que Adorno e Horkheimer detectam no Esclarecimento não atinge apenas o relacionamento do homem com as coisas, mas ataca também o cerne das relações humanas, que passam a sofrer as conseqüências de um procedimento teórico e prático que não tem outro objetivo que estender e solidificar o predomínio humano sobre a natureza. Mas também a relação de cada indivíduo para consigo mesmo fica prejudicada, o que é outro modo de mencionar os prejuízos no plano da *psique* aos quais estão submetidas as pessoas que vivem sob a égide do Esclarecimento.

Uma das principais peculiaridades do tratamento dado por Horkheimer e Adorno ao tema da racionalidade é a idéia de que, muito antes de a poderosa ciência moderna se constituir como arma humana para a intervenção nos processos naturais, os homens já acreditavam intervir nesses últimos através de feitiço ou outras ações cientificamente não comprováveis. Segundo os autores, os mitos já antecipam "ilusoriamente" o Esclarecimento: "Os mitos, tal como os trágicos os encontraram, encontram-se já sob o signo daquela disciplina e poder, que Bacon endeusava como o objetivo."

Esse filosofema significa que a intenção de dominar a natureza, mesmo que — justificadamente — com o objetivo de se proteger de seus caprichos, preexistiu em muito à posse dos meios eficazes para concretizar a dominação. De fato, somente a partir do século XVII a ciência européia adquiriu os meios teóricos para intervir em processos do mundo físico e quase duzentos anos depois, com a revolução industrial, o conhecimento finalmente se traduziu em tecnologia: em transformação do ambiente natural, mediatizada por teorias, com objetivos econômicos bem definidos a alcançar. Isso não escapou à atenção de Adorno e Horkheimer, mas eles introduzem — até mesmo com uma certa intenção polêmica — a idéia de que aquilo que o conhecimento científico passou a possibilitar em termos concretos já residia no mito sob a forma de um desejo de domar as forças da natureza.

A tese simétrica à do mito como antecipação da ciência, não menos polêmica do que essa, é proposta pelos autores: há algo no conhecimento científico que o liga inextrincavelmente ao mito, a saber, o caráter de repetição. A objetividade da ciência consiste também no fato de que tudo nela pode ser repetido *ad nauseam*, como um experimento, por exemplo, dando sempre o mesmo resultado. Ora, segundo Horkheimer e Adorno, a temporalidade cíclica do mito pressupõe exatamente essa possibilidade de repetição que é hoje considerada típica da ciência moderna: "O princípio da imanência, da explicação de todo acontecer como repetição, o qual o esclarecimento defende contra a imaginação mítica, é aquele do próprio mito."

Mas a indicação dessa proximidade entre ciência e mito (este antecipa aquela quanto à intenção; a característica de repetição da ciência preexistia no mito) não significa que os autores da *Dialética do Esclarecimento* não saibam distinguir entre um e outro; segundo eles, na magia (enquanto *modus operandi* do pensamento mítico) a relação entre o símbolo e o seu objeto é de "representabilidade específica", i.e., o feitiço faz com que um boneco de pano, ou ainda um fio de cabelo ou um pedaço de roupa da pessoa-alvo, equivalha à própria. Na ciência não há mais essa representatibilidade particular, mas o que Adorno e Horkheimer chamam de "fungibilidade universal", i.e. a representação de uma porção de matéria, de uma molécula de oxigênio, por exemplo, seria a mesma em qualquer canto do universo (e não mais estabelecida por uma relação *ad hoc*, como na magia).

Um outro tópico importante nessa primeira parte da *Dialética do Esclarecimento* é o que os autores caracterizam como uma espécie de "divisão do trabalho espiritual". Possivelmente influenciados por um texto de juventude de Walter Benjamin, "Sobre a linguagem em geral e a linguagem dos homens", Adorno e Horkheimer adotam a hipótese de que a linguagem em tempos imemoriais não era tão especializada quanto agora e que a palavra preservava dimensões que iam muito além de sua significação textual, tais como sua imagética, sua sonoridade etc. Mas o processo que caracterizou o desenvolvimento da racionalidade unilateral bloqueou a plurivalência imagética e sonora da palavra, e ela se fragmentou em diversos aspectos particulares isolados entre si, dentre os quais seu significado literal, e nas diversas artes particulares (música, poesia, pintura etc.): "Com a nítida separação entre ciência e poesia, a divisão do trabalho efetuada com ajuda daquela expande-se para a linguagem. Como signo, a palavra advém à ciência; como som, como imagem, como palavra propriamente dita, ela é distribuída entre as diversas artes, sem que se deixe reconstituir por sua adição, pela sinestesia ou obra de arte total."

Essa "divisão do trabalho" se revela especialmente drástica em relação à antítese entre a ciência e a arte: a ciência adquire um papel cada vez mais preponderante em virtude de sua utilidade para a autoconservação humana, e a arte é cada vez mais relegada ao segundo plano em razão de sua virtual inutilidade. Pensando possivelmente no Kant da *Critica da razão pura*, que declarou que a limitação do conhecimento resulta na concessão de um espaço maior para a fé, Adorno e Horkheimer se queixam do ostracismo a que foi relegada a dimensão estética: "Onde o mundo burguês limitou o saber, isso ocorreu, em regra, para obter espaço não para a arte, mas para a fé."

A incerta e problemática situação da arte é exemplificada pelos autores através do canto XII da *Odisséia* de Homero, no qual é narrada a aproximação de Ulisses do local onde se encontravam as sereias, cujo canto era irresistivelmente belo, mas, por isso mesmo, levava à morte aqueles que o ouviam. Isso demonstra, para Horkheimer e Adorno, a ambigüidade com que a civilização européia sempre tratou a beleza: algo, por um lado, desnecessário, pois não se relaciona imediatamente à autoconservação. Por outro lado — talvez exatamente por isso —, o belo é altamente perigoso, pois subverte o predomínio que a sobrevivência material deve ter, sob o ponto de vista da civilização, sobre o prazer e a fruição.

A crítica se aprofunda em virtude do ardil empregado por Ulisses para sobreviver ao canto das sereias: seus comandados, que devem propulsionar a embarcação, têm seus ouvidos preenchidos com cera para não ouvirem a música e remarem vigorosamente. O próprio Ulisses gostaria de ter uma noção, ainda que vaga, da beleza do canto, e então se deixa atar ao mastro do navio a fim de não se atirar para a morte ao ser hipnotizado pelo som. De acordo com Adorno e Horkheimer, essa situação é uma alegoria da situação da arte e da cultura no que eles chamam de "mundo administrado", pois elas tornam-se um artigo de luxo para o consumo de uma pequena minoria, que, no entanto, se encontra *de mãos e pés amarrados*, e totalmente inacessíveis à imensa maioria, a quem cabe *tocar o barco com os ouvidos tampados*, sem qualquer perspectiva de ter pelo menos uma noção da beleza em seu grau superlativo. A situação poderia ser resumida nas duas frases que se seguem: "O patrimônio cultural encontra-se em exata correlação com o trabalho" e "A regressão das massas hoje é a incapacidade de ouvir o inaudito com seus próprios ouvidos, de poder tocar com suas próprias mãos o intocado".

Tudo isso caracteriza o que Adorno e Horkheimer qualificam como "emergência da natureza irreconciliada", i.e., a eclosão, no seio da própria sociedade humana, da mesma rigidez e inexorabilidade que se percebeu naquele substrato natural que se pretendeu submeter desde a pré-história. Num momento em que os meios tecnológicos são capazes de dominar inteiramente a natureza, a barbárie que a ela se associava emerge num âmbito em que não era esperada: no da própria *praxis* humana.

Mas, ao contrário do que se possa imaginar — e do que muitas vezes se diz, de modo incorreto, sobre a *Dialética do Esclarecimento* —, Horkheimer e Adorno não consideram a situação da humanidade como um caso perdido. Eles se referem à possibilidade de "rememoração da natureza no sujeito" como um caminho para, pelo menos, se iniciar o processo de reversão do esclarecimento unilateral, com o objetivo de torná-lo "dialético", i.e., consciente de sua relação com aquilo que ele não é (o afeto e a emoção, por exemplo).

Sob esse aspecto, nossos autores fazem uma profissão de fé no pensamento dialético. Bem entendido, não à dialética supostamente materialista que se degenerou em religião de Estado no socialismo "real" à moda soviética, mas ao resgate da reflexividade do pensamento, sem perder de vista os conteúdos que a realidade, mediatizada pela ciência social crítica, poderia fornecer (ainda no espírito com que Horkheimer iniciou seu período à frente do Instituto para a Pesquisa Social). A potencialidade da dialética como um antídoto à ideologia dominante surge em toda sua força no trecho que se segue: "A dialética revela, antes, toda imagem como escrita. Ela ensina a ler dos traços da primeira a confissão de sua falsidade, a qual tira dela o seu poder e adequa-a à verdade. Com isso a linguagem torna-se mais do que um mero sistema de signos."

Ulisses e Juliette. Em conexão imediata com o texto inicial da *Dialética do Esclarecimento* encontram-se os dois excursos, "Ulisses ou mito e Esclarecimento" e "Juliette ou Esclarecimento e moral". O objetivo do primeiro é desenvolver aqueles aspectos associados à *Odisséia* que aparecem em "Conceito de Esclarecimento", não se atendo apenas ao episódio de Ulisses com as sereias, mas levando em consideração várias outras peripécias do herói no sentido de compreendê-lo como um indivíduo "protoburguês", i.e., o primeiro a experienciar situações que vieram a caracterizar a atitude mais corrente das pessoas a partir do início da Idade Moderna. O segundo excurso tem um escopo mais ambicioso, pois aborda três autores bem heterogêneos — Kant, De Sade e Nietzsche — com o objetivo de mostrar as conseqüências funestas do processo moderno de fazer da moral algo passível de formalização, a exemplo do que foi realizado com o conhecimento desde o século XVII, com o advento da Física matemática.

No primeiro excurso, o tema central é a astúcia de Ulisses enquanto estratégia de um ser fisicamente fraco diante das potentes forças naturais que se lhe opõem, no sentido de usar as energias dessas entidades contra elas mesmas e, com isso, quebrar um tipo de encanto que as envolvia anteriormente. Desse modo, a *Odisséia* ganha, para Horkheimer e Adorno, o valor de uma alegoria da história da civilização ocidental, na qual a transformação de meios em fins sempre foi uma tendência inexorável.

Além de retomar o encontro de Ulisses com as sereias, os autores mencionam várias outras passagens do epos homérico, sempre com a intenção de mostrar o périplo do herói como um início da dialética do Esclarecimento. No canto IX, por exemplo, Ulisses se salva de ser devorado pelo ciclope Polifemo porque, ao ser perguntado por esse sobre seu nome, responde "Oudeis", que se assemelha ao nome verdadeiro Odysseus, mas significa em grego antigo "ninguém". Mas a debilidade do herói não é apenas física, como se mencionou: ela representa também uma fraqueza na formação do ego e, de fato, Ulisses quase põe tudo a perder quando, a uma distância que ele julgava segura (mas que não o era), ele brada a Polifemo: "Ciclope, se algum dos mortais um dia te perguntar a causa de tua vergonhosa cegueira, dize-lhe que foi Ulisses, o saqueador de cidades, filho de Laertes, que tem sua casa em Ítaca." Para Adorno e Horkheimer, o arriscado insulto tinha para Ulisses o objetivo de restituir a si mesmo sua identidade, da qual ele momentaneamente abrira mão para se salvar.

Apesar de episódios como o dos lotófagos (canto IX) e outros serem igualmente enfocados nesse excurso, ganha destaque o da ilha de Eéia, onde vivia Circe, que enfeitiçava os homens lá chegados com uma bebida que os transformava em porcos. Ulisses, com a ajuda do deus Hermes, não só escapa ao feitiço de Circe como também conquista-a amorosamente e submete-a às suas ordens. Isso dá margem a uma interessante reflexão de Horkheimer e Adorno sobre a condição feminina na civilização ocidental, como parte do processo de esclarecimento unilateral, não-dialético.

O segundo excurso, "Juliette ou Esclarecimento e moral", começa com uma retomada crítica da concepção kantiana de conhecimento, chamando a atenção para a característica de formalização da racionalidade: faculdades de nosso intelecto pré-formando a percepção sensível e condicionando uma moralidade que, em virtude de seu rigor — bem-intencionado, mas impossível de praticar — lança seus atores numa situação de hipocrisia.

Sob esse aspecto, escritores como o Marquês de Sade, apesar de denegridos pela burguesia, seriam apenas seus arautos mais autênticos, i.e., tirariam conseqüências de alguns dos pressupostos da sociedade moderna que ninguém mais teria coragem de tirar. A principal delas é que, se o conhecimento de tipo científico, aplicável enquanto tecnologia a objetivos econômicos imediatos, foi erigido como norma fundamental da civilização européia, então todas as crenças religiosas são não apenas supérfluas, mas pura superstição, que deve ser combatida com unhas e dentes.

Tal é o sentido de personagens como Juliette, protagonista do romance homônimo, para quem a devassidão moral, a blasfêmia e a heresia são conseqüências lógicas de uma racionalidade totalmente formalizada e pragmática. Todas as formas de sexualidade desaprovadas pela sociedade, por exemplo, são praticadas por Juliette, suas parceiras e seus parceiros, não pelo prazer que podem proporcionar, mas pela suspeita de que estejam ligadas a medos míticos, irracionais, que devem ser superados.

Nietzsche é visto por Horkheimer e Adorno como uma espécie de anti-Kant: o Esclarecimento como um fato consumado é avaliado por Kant como tendo apenas um sinal positivo, enquanto Nietzsche teria sido um dos precursores da dialética do Esclarecimento, i.e., da ambigüidade desse para com a emancipação humana. Dentro disso, o imperativo categórico — suprema lei moral para Kant —, por exemplo, poderia ser lido como um fundamento da concepção nietzscheana de super-homem (ou além-do-homem).

Dentro desse espírito desmistificador daquilo que está apenas latente nos fundamentos da moralidade burguesa, os autores apontam para a proximidade entre Sade e Nietzsche no que tange à critica da compaixão. Para ambos, não haveria nada que determinasse, a partir da mera racionalidade formal, a necessidade de se solidarizar com os que sofrem, sendo essa atitude cristã um mero paliativo para os drásticos efeitos do emprego da razão levado às suas últimas conseqüências. Como se vê, mesmo sem concordar com os pontos de vista de Sade e de Nietzsche, Horkheimer e Adorno reconhecem-lhes uma coerência que falta aos moralistas aprovados pela filosofia oficial.

A cultura mercantilizada. A primeira parte da *Dialética do Esclarecimento* se encerra com a afirmação de que a característica principal do Esclarecimento é tomar os fins práticos mais próximos pelo fim longínquo a ser atingido, i.e., acreditar que a realização plena da razão instrumental é o ápice do desenvolvimento humano, nada mais havendo a ser atingido. "Mas diante dessa possibilidade", dizem os autores, "o Esclarecimento transmuta-se, a serviço do presente, em enganação total das massas." Essa é a conexão do texto de abertura da obra com seu segundo texto principal (depois dos dois excursos referidos acima), "A indústria cultural. O Esclarecimento como mistificação das massas".

Nessa parte, Adorno e Horkheimer começam por constatar que o declínio da religião não levou ao caos cultural, como se temia, pois o cinema, o rádio e as revistas se constituíram num sucedâneo para ela. O conjunto desses meios, inexistentes antes da virada do século XIX para o XX, forma o que nossos autores batizaram de "indústria cultural" e definiram como "falsa identidade do universal e do particular", ou seja, a aparência de que o indivíduo e o todo se encontram reconciliados quando, na verdade, tal sistema é um poderoso instrumento para — simultaneamente — gerar lucros e exercer um tipo de controle social.

Quanto ao primeiro aspecto, a novidade é que a própria cultura, de um modo inédito na história humana, define a si mesma como uma indústria, sendo que a publicação de seus balancetes revelam-na, de fato, como uma próspera atividade econômica. Isso aponta para um fato que os apologistas da indústria cultural não cansam de se lembrar: há de fato uma enorme demanda para os seus produtos e isso legitimaria sua existência.

Além disso, a baixa qualidade dos produtos oferecidos pela indústria cultural — em suma, sua padronização — seria também o resultado de necessidades dos próprios consumidores; eis por que os padrões são aceitos por eles sem resistência. Horkheimer e Adorno rebatem esse argumento, dizendo que, na verdade, a indústria cultural atende *imediatamente* a necessidade do seu público, mas de um modo que seus legítimos anseios são apropriados por ela no sentido de cumprir seus objetivos de lucratividade e controle social.

Sob esses aspectos, destaca-se na indústria cultural uma hierarquização dos diversos produtos quanto à qualidade, no sentido de servir a uma quantificação completa dos seus procedimentos. Distinções que se fazem, por exemplo, entre filmes A ou B, ou entre as histórias publicadas em revistas de diferentes preços, não têm a ver propriamente com seu conteúdo, mas com a classificação, organização e computação estatística dos consumidores.

Uma das contribuições mais importantes da crítica à mercantilização da cultura na *Dialética do Esclarecimento* se expressa na denúncia de que ela realiza uma apropriação da capacidade de "esquematismo" das pessoas. "Esquematismo" é um termo cunhado por Kant para designar o procedimento mental de referirmos nossas percepções sensíveis a conceitos fundamentais, que ele chamava de "categorias". De acordo com Adorno e Horkheimer, já que a indústria cultural decompõe o que podemos perceber em suas partes elementares e as rearranja de um modo que lhe seja interessante, ela adquire o enorme poder de influir no modo como nós percebemos a realidade sensível — em última instância, na maneira pela qual percebemos o mundo. Especialmente o filme sonoro e a televisão — que os autores precocemente designaram como "síntese do rádio com o cinema" — podem criar a ilusão de um mundo que não é o que nossa consciência espontaneamente pode perceber, mas o que interessa ao sistema econômico e político no qual se insere a indústria cultural.

Esse sistema, aliás, possui características muito peculiares, pois é o tipo de capitalismo conhecido como "tardio" ou "monopolista", no qual — economicamente — as oportunidades para o pequeno empreendedor já se tornaram há muito coisas do passado, mas o discurso oficial é o do liberalismo. E a indústria cultural se coaduna muito bem com ele, pois suas maiores empresas, apesar de serem organizadas a partir do modelo de racionalidade econômica dos grandes conglomerados, ainda adotam em diversos níveis o mecanismo da oferta e da procura, em fase de desagregação na produção material, desde os inícios do século XX.

É importante ressaltar que, segundo Adorno e Horkheimer, o entretenimento em si e alguns elementos da indústria cultural já existiam muito antes do seu aparecimento. Desde o início da civilização ocidental moderna havia, ao lado da arte erudita que se desenvolvia a passos largos, uma outra, mais popular, que supria exatamente a função de entretenimento que a cultura mercantilizada exerce hoje. Nossos autores chamam essa modalidade de "arte leve" e têm plena consciência de que, em vários fenômenos estéticos, é muito difícil distinguir suas características daquelas da arte mais erudita. Mas, no âmbito da indústria cultural, o que ocorre é uma espécie de absorção, cuidadosamente estudada e executada, da arte leve na arte séria ou, eventualmente, o contrário, sempre no sentido de cumprir os objetivos de lucratividade e manutenção da ordem vigente.

O escândalo que o surgimento das mercadorias culturais representou para Horkheimer e Adorno — filósofos formados numa tradição da alta cultura européia — se traduz nas inúmeras comparações que ambos fazem de tais mercadorias com as obras de arte no sentido convencional. Chama-lhes a atenção o fato de que o idioma da indústria cultural é "tecnicamente condicionado", mas suas finas nuanças se diferem da sutileza de uma obra de arte (especialmente de vanguarda), inicialmente pelo fato de ela estar a serviço da verdade, ao contrário das mercadorias culturais, que existem apenas em função dos interesses em nome dos quais são produzidas.

Mas existem outros tópicos mais "internos" na comparação das obras de arte com as mercadorias culturais. Um dos mais evidentes é o "estilo": enquanto nas primeiras ele brota de uma reconciliação do seu todo com os elementos particulares, nas mercadorias culturais a tensão entre esses pólos é eliminada, pois a "falsa identidade entre o universal e o particular", definidora da indústria cultural, significa também que os detalhes do construto não interagem com sua totalidade e podem ser substituídos por outros elementos sem que ela se modifique propriamente.

Outro termo de comparação entre a arte e a mercadoria cultural é a possibilidade do elemento trágico. Oriundo da arte, ele fornece à indústria cultural uma presumida profundidade que a pura diversão não poderia oferecer, mas de um modo completamente deturpado: é reduzido à ameaça da destruição de quem não coopera, enquanto na verdade seu sentido paradoxal consistia, no teatro grego por exemplo, na resistência do herói à ameaça mítica. No âmbito da indústria cultural, o trágico se dissolve na falsa identidade da sociedade e do sujeito, de um modo que se refere novamente ao modo de operação mais típico daquela. Ficaria difícil falar num trágico autêntico, que depende da existência de pessoas moralmente fortes — os heróis —, já que o capitalismo tardio é o palco exatamente de individualidades fracas. Por isso, para Horkheimer e Adorno, "a liquidação do trágico confirma a eliminação do indivíduo".

Associada a isso está uma transformação no efeito purificador, catártico, que desde a *Poética* de Aristóteles se acreditava que a tragédia autêntica produzia. Como não há mais individualidades fortes, com as quais o espectador se identifica — sentindo, por isso, "temor e piedade" —, a purificação das paixões agora é realizada pela diversão, perdendo a dimensão libertadora que era marca registrada da catarse na tragédia grega: "Assim como ocorreu com o estilo, a indústria cultural desvenda a verdade sobre a catarse."

No panorama sócio-político do capitalismo tardio, essa degeneração do elemento trágico nos produtos da indústria cultural, que, como já se mencionou, tem como causa principal o declínio dos sujeitos psiquicamente bem constituídos, com egos fortalecidos, dá origem, segundo a observação de Adorno e Horkheimer, ao desenvolvimento de um tipo de sadomasoquismo que se expressa até mesmo — talvez até principalmente — na programação infantil, possivelmente com o objetivo de que, desde crianças, as pessoas se habituem a apanhar dos mais fortes e, se for o caso, golpear os mais fracos: "Assim como o Pato Donald nos cartuns, também os desgraçados na vida real recebem a sua sova para que os espectadores possam se acostumar com a que eles próprios recebem."

Outra abordagem que leva em consideração conceitos psicanalíticos retoma a comparação das mercadorias culturais com as obras de arte, agora no tocante ao papel da sublimação: nessas últimas, já de acordo com Freud, ela sempre esteve presente como um mecanismo de transposição da pulsão sexual para a esfera do espírito, externando-se numa atividade socialmente aceita (no caso, a própria arte). Na prática, e já levando em consideração o ponto de vista de Adorno e Horkheimer, isso se traduz no fato de que mesmo a representação de nus na pintura, na escultura, no teatro etc. nunca foram "exibições sexuais"; seu caráter de linguagem — de significação — se sobrepunha ao apelo sensual que pudesse estar contido numa expressão estética desse tipo. Porém mais interessante ainda do que isso é que o procedimento de significação associado a esse tipo de "renúncia pulsional" impedia o que Horkheimer e Adorno chamam de "humilhação da pulsão", o que gerava um tipo de satisfação associada, segundo eles, com uma "promessa rompida". Daí o caráter essencialmente não-resignado e inconformista das obras de arte, que é totalmente eliminado das mercadorias culturais.

Essa dimensão essencialmente conformista da indústria cultural liga-se, segundo nossos autores, à ameaça de castração, outra concepção psicanalítica, que designa a influência que o pai (ou representante) exerce sobre o menino no sentido de renunciar à libido dirigida à mãe.

Só que nesse caso ela não é exercida por uma pessoa (potencialmente amada), mas por um sistema impessoal e difuso — o que também não fica sem conseqüências para a formação psíquica dos indivíduos. Adorno e Horkheimer associam tal característica da indústria cultural a seu pretenso alto grau de liberdade: contrariamente ao que ocorre na era liberal, e de modo semelhante ao que se sucede nos regimes totalitários, a cultura industrializada admite até — naturalmente apenas para fins externos — a indignação com o capitalismo, não se permitindo, no entanto, abdicar da ameaça de castração, segundo nossos autores, "sua própria essência".

Essa capacidade da indústria cultural de suportar — e até veicular — críticas nominais ao *status quo* liga-se não apenas a traços psíquicos estimulados nos seus consumidores, mas também às próprias características tecnológicas dos seus meios mais típicos: o cinema, o rádio, as revistas ilustradas, os LPs (à época de redação da *Dialética do Esclarecimento*); hoje adicionaríamos a esses a televisão, o vídeo e os novos recursos digitais de produção e difusão audiovisual (CDs, DVDs, Internet etc.). Enquanto nos séculos precedentes a ideologia ocorria principalmente através de *discursos*, de narrativas, sobre como era a realidade e como devia ser, a partir de inícios do século XX, depois do surgimento de meios cada vez mais realistas de reproduzir e difundir sons e imagens — num processo de desenvolvimento tecnológico que nunca estagnou —, a ideologia passou a ter por objeto o mundo enquanto tal, ou seja, as palavras se tornam supérfluas pois o que se quer fazer passar por verdadeiro pode ser *mostrado*, num processo em que "a divindade do real" é garantida por sua mera repetição. "Uma prova fotológica como essa, na verdade, não é rigorosa, mas é avassaladora."

Vale a pena mencionar um último tópico do capítulo sobre indústria cultural que relaciona ainda obras de arte a mercadorias culturais, a saber, o "fetichismo" que lhes adere. O termo "fetichismo", relativo às mercadorias em geral, como se sabe foi cunhado por Marx em *O capital*, referindo-se ao fato de os produtos comercializados esconderem totalmente a relação social que lhes deu origem. Horkheimer e Adorno afirmam que, no âmbito da indústria cultural, os objetos estéticos estão sujeitos a uma inversão da "finalidade sem fim", que Kant atribuíra às coisas belas no século XVIII. O "valor de uso" — essencialmente problemático nos bens culturais — é absorvido pelo valor de troca: em vez de prazer estético, o que se busca é "estar por dentro", o que se deseja é conquistar prestígio, e não propriamente ter uma experiência do objeto.

Genealogia do anti-semita. O último texto "corrido" da *Dialética do Esclarecimento*, intitulado "Elementos do anti-semitismo", em cuja redação participou também outro colaborador do Instituto para a Pesquisa Social, Leo Löwenthal — tem seu tema intimamente relacionado com o da indústria cultural, pois, segundo os autores, o mesmo caráter sadomasoquista pressuposto no grande público é condição indispensável para o surgimento do anti-semitismo em sua feição nazista.

Esse texto é dividido em sete partes, não-nomeadas, tratando dos seguintes temas: I. Preliminares; II. Motivação social do anti-semitismo; III. Motivação econômica do anti-semitismo; IV. Motivação religiosa do anti-semitismo; V. O comportamento mimético; VI. A falsa projeção; VII. A mentalidade do *ticket*.

Nas considerações preliminares, os autores chamam a atenção para os dois modos fundamentais como a questão tem sido encarada: primeiramente a tese propriamente fascista é a dos judeus como uma anti-raça, de cujo extermínio dependeria a felicidade do mundo. O segundo modo é o liberal, de acordo o qual os judeus seriam um grupo baseado numa tradição religiosa e nada mais. O primeiro modo é a expressão crassa do anti-semitismo, mas também a opinião liberal esbarra no fato de que imbricação dialética entre esclarecimento e dominação se fez sentir nos próprios judeus, na medida em que esses assimilaram os pressupostos da sociedade que — quando foi o caso — os acolheu.

Em relação aos motivos sociais do anti-semitismo, os autores observam que, pelo menos no que tange à situação alemã, essa forma de racismo foi (e é) uma conjunção de fatores subjetivos e objetivos. Quanto aos primeiros, constata-se um projeto de dominação, no qual os agentes exploram sentimentos reativos nos oprimidos para que esses, voltando seu ódio contra um bode expiatório — nesse caso, os judeus —, continuem se sujeitando à opressão que lhes é infligida. Objetivamente, poder-se-ia dizer que o objeto eleito para a perseguição se prestava bem a esse fim, pois muitos judeus, apesar de prósperos, não tinham qualquer poder de comando. E, no entanto, pareciam felizes aos olhos de seus potenciais perseguidores, que se sentiam ludibriados.

Isso se liga também à motivação econômica do anti-semitismo: a referida prosperidade dos judeus tinha origem em atividades do setor terciário; em vários países europeus — inclusive na Alemanha pré-nazista — eles eram proibidos de ser industriais, sendo-lhes vedado o acesso "à origem da mais-valia". Exatamente por isso a maioria dos judeus residentes em cidades se tornou comerciante (os mais prósperos se tornaram banqueiros) — o que lhes valeu o ódio da população não-judaica, uma vez que, na situação de inflação galopante da República de Weimar, eles obtiveram a fama de exploradores, quando na verdade todo o sistema produtivo estava podre, cabendo-lhes apenas o papel de "executores" da exploração.

A peculiaridade da situação dos judeus na República de Weimar se manifestou também quanto ao aspecto religioso. Parte da impressão das massas "arianas" de que os judeus tinham felicidade desprovida de poder vinha da maior proximidade entre esse credo e um tipo de religião natural, mais próxima da autoconservação e mais distante dos sacrifícios impostos aos cristãos — o que, mais uma vez, veio a calhar ao fascismo: "A nostalgia indômita é canalizada como rebelião popularesca", i.e., o ressentimento dos proletários não-judeus em relação aos "intrusos" que têm melhor situação econômica que eles próprios tem repercussões também no aspecto doutrinário da religião adotada pela maioria perseguidora (cristã).

Dados todos esses pressupostos, chegamos ao núcleo propriamente dito da teoria sobre o anti-semitismo exposta na *Dialética do Esclarecimento*. Ele se inicia com a discussão sobre o "comportamento mimético", ou seja, a atitude das pessoas que, obedecendo a "esquemas arcaicos da autoconservação", se empenham em tornar-se, a todo custo, iguais ao seu meio ambiente. Para os autores, essa é uma tendência normal na natureza humana, mas, tratando-se de pessoas expropriadas de qualquer capacidade de pensar e agir por si próprias, o comportamento mimético transforma-se numa patologia coletiva e isso explica por que aqueles que não foram obrigados a deixar a Alemanha perfilaram-se quase que imediatamente com os psicopatas nazistas — acreditando serem, aliás, as pessoas mais saudáveis, e denunciando o suposto caráter doentio dos judeus.

Ainda nesse núcleo destaca-se a teoria da "falsa projeção": assim como existe uma mímesis "saudável" que é desvirtuada pelos anti-semitas com objetivos de dominação, ocorre algo análogo em relação ao que os autores chamam de "comportamento projetivo". Numa evidente influência da teoria kantiana do conhecimento, eles acreditam que a percepção do mundo depende de uma atividade do sujeito, o qual "deve dar-lhe de volta mais do que dela obtém". Em outras palavras, um sujeito mal-constituído e empobrecido interiormente não tem propriamente uma *percepção* da realidade: ele simplesmente a torna igual a si, num procedimento análogo, porém simétrico, ao da falsa mímesis. A tal procedimento dá-se o nome de "falsa projeção": o pressuposto da percepção equivocada do mundo, que leva o anti-semita a ver o judeu (ou aquele que é diferente, em geral) como um animal daninho, cuja eliminação só faria bem à sua coletividade. Os autores chamam o produto dessa percepção fundamentalmente equivocada da realidade de "semicultura", o espírito objetivo do capitalismo tardio, relacionando-a com o tipo de caráter propício à depauperação através da cultura de massas.

De fato — e aqui chega-se à sétima e última divisão do texto, sobre "a mentalidade do *ticket*" — o processo de produção artificial de uma virtual unanimidade é muito semelhante no braço totalitário e no braço "democrático" do capitalismo tardio. Quanto ao primeiro, os autores indicam que não é preciso ser um anti-semita convicto para eleger um governo fascista (e Hitler foi, de fato, eleito pela maioria no apagar das luzes da República de Weimar), mas apenas dizer "sim" ao *ticket* fascista, i.e., a uma obscura lista de propostas e candidatos que confundem o desatento eleitor, de modo semelhante ao que leva o telespectador, igualmente distraído, a adquirir bens sem qualquer serventia, apenas para se sentir em conexão com o mundo.

Conclusão

Salta aos olhos do leitor da *Dialética do Esclarecimento* sua profundidade filosófica e sua enorme atualidade. Algo menos evidente, no entanto, é o seu rigor metodológico, que se esconde por trás de um estilo ensaístico e aparentado com o aforismo. Mas isso não quer dizer que inexista um método orientando o aparente caos em que se distribuem as matérias.

Já foi assinalada aqui a importância do pensamento de Max Weber para a formação do pensamento crítico de Horkheimer (e de outros membros do Instituto). Um desdobramento de sua idéia de "desencantamento do mundo", com a qual, aliás, começa o texto "Conceito de Esclarecimento", é muito importante para a *Dialética do Esclarecimento*, a saber, a idéia de que a sociedade européia moderna se caracteriza por uma diferenciação progressiva de três esferas da ação humana, que anteriormente não se separavam entre si: 1) esfera do conhecimento e da técnica; 2) esfera da ética fundada em princípios religiosos; e 3) esfera da arte autônoma. (Tais esferas correspondem à divisão proposta por Kant para suas críticas.)

Sob o aspecto metodológico mais amplo, é interessante entender a *Dialética do Esclarecimento* como uma submissão da realidade do capitalismo tardio ao crivo dessa idéia weberiana da diferenciação das esferas axiológicas, a qual constata que, ao contrário da Idade Moderna "clássica", na Modernidade tardia há uma tendência de absorção dos dois outros âmbitos pela esfera do conhecimento e da técnica. Desse modo, o texto "Conceito de Esclarecimento" corresponde à análise crítica da posição — todo-poderosa — ocupada pela ciência em nossa civilização; o excurso "Juliette ou Esclarecimento e moral", juntamente com "Elementos do anti-semitismo", procura mostrar a absorção da esfera da moral tradicional pela do conhecimento científico. Finalmente, o texto "Indústria cultural. O Esclarecimento como mistificação das massas" pretende apontar para o processo de revogação da autonomia da arte através das estratégias da cultura de massa — totalmente tecnificada, portanto submetida à esfera da racionalidade técnico-científica.

Mesmo sabendo que no espaço desse pequeno livro não é possível, nem de longe, abordar apropriadamente uma obra tão complexa como a *Dialética do Esclarecimento*, espero ter pelo menos estimulado a curiosidade do leitor para se aproximar do pensamento de Adorno e Horkheimer. Além dos trechos que se encontram ao final do livro, indico a seguir algumas leituras que podem complementar e expandir os conteúdos aqui apresentados.

Seleção de textos

De "Conceito de Esclarecimento"

... O Esclarecimento é totalitário.

Para ele, o elemento básico do mito foi sempre o antropomorfismo, a projeção do subjetivo na natureza. O sobrenatural, o espírito e os demônios seriam as imagens especulares dos homens que se deixam amedrontar pelo natural. Todas as figuras míticas podem se reduzir, segundo o Esclarecimento, ao mesmo denominador, a saber, ao sujeito. A resposta de Édipo ao enigma da esfinge, "É o homem!", é a informação estereotipada invariavelmente repetida pelo Esclarecimento, não importa se este se confronta com uma parte de um sentido objetivo, o esboço de uma ordem, o medo de potências maléficas ou a esperança da redenção. De antemão, o Esclarecimento só reconhece como ser e acontecer o que se deixa captar pela unidade. Seu ideal é o sistema do qual se pode deduzir toda e cada coisa. Não é nisso que sua versão racionalista se distingue da versão empirista. Embora as diferentes escolas interpretassem de maneira diferente os axiomas, a estrutura da ciência unitária era sempre a mesma. O postulado baconiano da *una scientia universalis* é, apesar de todo o pluralismo das áreas de pesquisa, tão hostil ao que não pode ser vinculado quanto a *mathesis universalis* de Leibniz à descontinuidade. A multiplicidade das figuras se reduz à posição e à ordem, a história ao fato, as coisas à matéria. Ainda de acordo com Bacon, entre os primeiros princípios e os enunciados observacionais deve subsistir uma ligação lógica unívoca, medida por graus de universalidade. De Maistre zomba de Bacon por cultivar "*une idole d'échelle*". A lógica formal era a grande escola da unificação. Ela oferecia aos esclarecedores o esquema da calculabilidade do mundo. O equacionamento mitologizante das Idéias com os números nos últimos escritos de Platão exprime o anseio de toda desmitologização: o número tornou-se o cânon do Esclarecimento. As mesmas equações dominam a justiça burguesa e a troca mercantil. "Não é a regra: 'se adicionares o desigual ao igual obterás algo de desigual' (*Si inaequalibus aequalia addas, omnia erunt inaequalla*) um indício tanto da justiça quanto da matemática? E não existe uma verdadeira coincidência entre a justiça cumulativa e distributiva por um lado e as proporções geométricas e aritméticas por outro lado?" A sociedade burguesa está dominada pelo equivalente. Ela torna o heterogêneo comparável, reduzindo-o a grandezas abstratas. Para o Esclarecimento, aquilo que não se reduz a números e, por fim, ao uno passa a ser ilusão: o positivismo moderno remete-o para a literatura. "Unidade" continua a ser a divisa, de Parmênides a Russell. O que se continua a exigir insistentemente é a destruição dos deuses e das qualidades.

Mas os mitos que caem vítimas do Esclarecimento já eram o produto do próprio Esclarecimento. No cálculo científico dos acontecimentos anula-se a conta que outrora o pensamento dera, nos mitos, dos acontecimentos. O mito queria relatar, denominar, dizer a origem, mas também expor, fixar, explicar. Com o registro e a coleção dos mitos, essa tendência reforçou-se. Muito cedo deixaram de ser um relato para se tornarem uma doutrina. Todo ritual inclui uma representação dos acontecimentos bem como do processo a ser influenciado pela magia. Esse elemento teórico do ritual tornou-se autônomo nas primeiras epopéias dos povos. Os mitos, como os encontraram os poetas trágicos, já se encontram sob o signo daquela disciplina e poder que Bacon enaltece como o objetivo a se alcançar. O lugar dos espíritos e demônios locais foi tomado pelo céu e sua hierarquia; o lugar das práticas de conjuração do feiticeiro e da tribo, pelo sacrifício bem dosado e pelo trabalho servil mediado pelo comando. As deidades olímpicas não se identificam mais diretamente aos elementos, mas passam a significá-los. Em Homero, Zeus preside o céu diurno, Apolo guia o sol, Hélio e Éo já tendem para o alegórico. Os deuses separam-se dos elementos materiais como sua suprema manifestação. De agora em diante, o ser se resolve no logos — que, com o progresso da filosofia, se reduz à mônada, mero ponto de referência — e na massa de todas as coisas e criaturas exteriores a ele. Uma única distinção, a distinção entre a própria existência e a realidade, engolfa todas as outras distinções. Destruídas as distinções, o mundo é submetido ao domínio dos homens. Nisso estão de acordo a história judaica da criação e a religião olímpica. ... Perante os deuses, só consegue se afirmar quem se submete sem restrições. O despertar do sujeito tem por preço o reconhecimento do poder como o princípio de todas as relações. Em face da unidade de tal razão, a separação de Deus e do homem reduz-se àquela irrelevância que, inabalável, a razão assinalava desde a mais antiga crítica de Homero. Enquanto soberanos da natureza, o deus criador e o espírito ordenador se igualam. A imagem e semelhança divinas do homem consistem na soberania sobre a existência, no olhar do senhor, no comando.

Do Excurso I: "Ulisses ou mito e Esclarecimento"

O recurso do eu para sair vencedor nas aventuras: perder-se para se conservar, é a astúcia. O navegador Ulisses logra as divindades da natureza como depois o viajante civilizado lograrà os selvagens oferecendo-lhes contas de vidro coloridas em troca de marfim. É verdade que só às vezes ele aparece fazendo trocas, a saber, quando se dão e se recebem os presentes da hospitalidade. O presente de hospitalidade homérico está a meio caminho entre a troca e o sacrifício. Como um ato sacrificial, ele deve pagar pelo sangue incorrido, seja do estrangeiro, seja do residente vencido pelos piratas, e selar a paz. Mas, ao mesmo tempo, o presente anuncia o princípio do equivalente: o hospedeiro recebe real ou simbolicamente o equivalente de sua prestação, o hóspede um viático que, basicamente, deve capacitá-lo a chegar em casa. Mesmo que o hospedeiro não receba nenhuma compensação imediata, ele pode ter a certeza de que ele próprio ou seus parentes serão recebidos da mesma maneira: como sacrifício às divindades elementares, o presente é ao mesmo tempo um seguro rudimentar contra elas. A extensa mas perigosa navegação na Grécia antiga é o pressuposto pragmático disto. O próprio Possêidon, o inimigo elementar de Ulisses, pensa em termos de equivalência, queixando-se de que aquele receba em todas as etapas de sua errática viagem mais presentes do que teria sido sua parte nos despojos de Tróia, caso Possêidon não lhe houvesse impedido de transportá-la. Em Homero, porém, é possível derivar semelhante racionalização dos atos sacrificiais propriamente ditos. Pode-se contar com a benevolência das divindades, conforme a magnitude das hecatombes. Se a troca é a secularização do sacrifício, o próprio sacrifício já aparece como o esquema mágico da troca racional, uma cerimônia organizada pelos homens com o fim de dominar os deuses, que são derrubados exatamente pelo sistema de veneração de que são objetos.

A parte que o logro desempenha no sacrifício é o protótipo das astúcias de Ulisses, e é assim que muitos de seus estratagemas são armados à maneira de um sacrifício oferecido às divindades da natureza. [Estas] são logradas pelo herói do mesmo modo que pelos deuses solares. Assim os amigos olímpicos de Ulisses valem-se da estada de Possêidon entre os etíopes — selvagens que ainda o veneram e lhe oferecem enormes sacrifícios — para escoltar a salvo seu protegido. O logro já está envolvido no próprio sacrifício que Possêidon aceita prazerosamente: a limitação do amorfo deus do mar a uma localidade determinada, a área sagrada, limita ao mesmo tempo sua potência, e, para saciar-se nos bois etíopes, ele deve em troca renunciar a dar vazão à sua cólera em Ulisses. Todas as ações sacrificiais humanas, executadas segundo um plano, logram o deus ao qual são dirigidas: elas o subordinam ao primado dos fins humanos, dissolvem seu poderio, e o logro de que ele é objeto se prolonga sem ruptura no logro que os sacerdotes incrédulos praticam sobre a comunidade crédula. A astúcia tem origem no culto. O próprio Ulisses atua ao mesmo tempo como vítima e sacerdote. Ao calcular seu próprio sacrifício, ele efetua a negação da potência a que se destina esse sacrifício. Ele recupera assim a vida que deixara entregue. Mas o logro, a astúcia e a racionalidade não se opõem simplesmente ao arcaísmo do sacrifício. O que Ulisses faz é tão-somente elevar à consciência de si a parte de logro inerente ao sacrifício, que é talvez a razão mais profunda para o caráter ilusório do mito. A experiência de que a comunicação simbólica com a divindade através do sacrifício nada tem de real só pode ser uma experiência antiqüíssima. A substituição que ocorre no sacrifício, exaltada pelos defensores de um irracionalismo em moda, não deve ser separada da divinização do sacrificado, ou seja, do embuste que é a racionalização sacerdotal do assassínio pela apoteose do escolhido. Algo desse embuste — que erige justamente a pessoa inerme em portador da substância divina — sempre se pôde perceber no ego, que deve sua própria existência ao sacrifício do momento presente ao futuro. Sua substancialidade é aparência, assim como a imortalidade da vítima abatida. Não é à toa que Ulisses foi tido por muitos como uma divindade.

De "A indústria cultural: Esclarecimento como mistificação das massas"

Assim a indústria cultural, o mais inflexível de todos os estilos, revela-se justamente como a meta do liberalismo, ao qual se censura a falta de estilo. Não somente suas categorias e conteúdos são provenientes da esfera liberal, tanto do naturalismo domesticado quanto da opereta e da revista: as modernas companhias culturais são o lugar econômico onde ainda sobrevivem juntamente com os correspondentes tipos de empresários, uma parte da esfera de circulação já em processo de desagregação. Aí ainda é possível fazer fortuna, desde que não se seja demasiado inflexível e se mostre que é uma pessoa com quem se pode conversar. Quem resiste só pode sobreviver integrando-se. Uma vez registrado em sua diferença pela indústria cultural, ele passa a pertencer a ela assim como o participante da reforma agrária ao capitalismo. A rebeldia realista torna-se a marca registrada de quem tem uma nova idéia a trazer à atividade industrial. A esfera pública da sociedade atual não admite nenhuma acusação perceptível em cujo tom os bons entendedores não vislumbrem a proeminência sob cujo signo o revoltado com eles se reconcilia. Quanto mais incomensurável é o abismo entre o coro e os protagonistas, mais certamente haverá lugar entre estes para todo aquele que mostrar sua superioridade por uma notoriedade bem planejada. Assim também sobrevive na indústria cultural a tendência do liberalismo a deixar caminho livre a seus homens capazes. Abrir caminho para esses competentes ainda é a função do mercado, que sob outros aspectos já é extensamente regulado e cuja liberdade consistia, mesmo na época de seu maior brilho — para os artistas bem como para outros idiotas —, em morrer de fome. Não é à toa que o sistema da indústria cultural provém dos países industriais liberais, e é neles que triunfam todos os seus meios característicos, sobretudo o cinema, o rádio, o jazz e as revistas. É verdade que seu projeto teve origem nas leis universais do capital. Gaumont e Pathé, Ullstein e Hugenberg conheceram o sucesso seguindo a tendência internacional; a dependência econômica em face dos Estados Unidos, em que se encontrou o continente europeu depois da guerra e da inflação, teve uma parte nesse processo. A crença de que a barbárie da indústria cultural é uma conseqüência do *cultural lag*, do atraso da consciência norte-americana relativamente ao desenvolvimento da técnica, é profundamente ilusória. Atrasada relativamente à tendência ao monopólio cultural estava a Europa pré-fascista. Mas era exatamente esse atraso que deixava ao espírito um resto de autonomia e assegurava a seus últimos representantes a possibilidade de existir ainda que oprimidos. Na Alemanha, a incapacidade de submeter a vida a um controle democrático teve um efeito paradoxal. Muita coisa escapou ao mecanismo de mercado que se desencadeou nos países ocidentais. O sistema educativo alemão, juntamente com as universidades, os teatros mais importantes na vida artística, as grandes orquestras, os museus, estavam sob proteção. Os poderes políticos, o Estado e as municipalidades, aos quais essas instituições foram legadas como herança do Absolutismo, haviam preservado para elas uma parte daquela independência das relações de dominação vigentes no mercado, que os príncipes e senhores feudais haviam assegurado até o século dezenove. Isso resguardou a arte em sua fase tardia contra o veredicto da oferta e da procura e aumentou sua resistência muito acima da proteção de que desfrutava de fato. No próprio mercado, o tributo a uma qualidade sem utilidade e ainda sem curso converteu-se em poder de compra: é por essa razão que editores literários e musicais decentes puderam cultivar por exemplo autores que rendiam pouco mais do que o respeito do conhecedor. Só a obrigação de se inserir incessantemente sob a mais drástica das ameaças, na vida dos negócios como um especialista estético, impôs um freio definitivo ao artista.

De "Elementos do anti-semitismo"

O anti-semitismo baseia-se numa falsa projeção. Ele é o reverso da mimese genuína, profundamente aparentada à mimese que foi recalcada, talvez o traço caracterial patológico em que esta se sedimenta. Só a mimese se torna semelhante ao mundo ambiente; a falsa projeção torna o mundo ambiente semelhante a ela. Se o exterior se torna para a primeira o modelo ao qual o interior se ajusta, o estranho tornando-se o familiar, a segunda transpõe o interior prestes a saltar para o exterior e caracteriza o mais familiar como algo de hostil. Os impulsos que o sujeito não admite como seus e que, no entanto, lhe pertencem são atribuídos ao objeto: a vítima em potencial. Para o paranóico usual, sua escolha não é livre, mas obedece às leis de sua doença. No fascismo esse comportamento é adotado pela política, o objeto da doença é determinado realisticamente, o sistema alucinatório torna-se a norma racional no mundo e o desvio, a neurose. O mecanismo que a ordem totalitária põe a seu serviço é tão antigo quanto a civilização. Os mesmos impulsos sexuais que a raça humana reprimiu souberam se conservar e se impor num sistema diabólico, tanto dentro dos indivíduos quanto dos povos, na metamorfose imaginária do mundo ambiente. O indivíduo obcecado pelo desejo de matar sempre viu na vítima o perseguidor que o forçava a uma desesperada e legítima defesa, e os mais sempre consideraram o vizinho mais fraco como uma ameaça insuportável, antes de cair sobre eles. A racionalização era uma finta e, ao mesmo tempo, algo de compulsivo. Quem é escolhido para inimigo é percebido como inimigo. O distúrbio está na incapacidade de o sujeito discernir no material projetado entre o que provém dele e o que é alheio.

Em certo sentido, perceber é projetar. A projeção das impressões dos sentidos é um legado de nossa pré-história animal, um mecanismo para fins de proteção e obtenção de comida, o prolongamento da combatividade com que as espécies animais superiores reagiam ao movimento, com prazer ou desprazer e independentemente da intenção do objeto. A projeção está automatizada nos homens, assim como as outras funções de ataque e proteção, que se tornaram reflexos. É assim que se constitui seu mundo objetivo, como um produto daquela "arte escondida nas profundezas da alma humana cujos procedimentos dificilmente haveremos de arrancar à natureza e expor aos olhos de todos". O sistema das coisas, a ordem fixa do universo, do qual a ciência constitui tão-somente a expressão abstrata, é, se dermos uma interpretação antropológica da crítica kantiana do conhecimento, o produto inconsciente do instrumento que o animal usa na luta pela vida, isto é, daquela projeção espontânea. Na sociedade humana, porém, na qual tanto a vida intelectual quanto a vida afetiva se diferenciam com a formação do indivíduo, o indivíduo precisa de um controle crescente da projeção; ele tem que aprender ao mesmo tempo a aprimorá-la e a inibi-la. Aprendendo a distinguir, compelido por motivos econômicos, entre pensamentos e sentimentos próprios e alheios, surge a distinção do exterior e do interior, a possibilidade de distanciamento e identificação, a consciência de si e a consciência moral. Para compreender a projeção colocada sob controle e sua degeneração na falsa projeção, que pertence à essência do anti-semitismo, é preciso de uma reflexão mais aprofundada.

A doutrina fisiológica da percepção, desprezada pelos filósofos desde o kantismo como uma concepção ingenuamente realista e um raciocínio circular, explica o mundo da percepção como a imagem refletida e dirigida pelo intelecto dos dados que o cérebro recebe dos objetos reais. Segundo esse modo de ver, a ordenação dos indícios punctuais recebidos, as impressões, é realizada pelo entendimento. Se os psicólogos gestaltistas também insistem sobre o fato de que a substância fisiológica não recebe pontos apenas, mas também estruturas, Schopenhauer e Helmholz — apesar e justamente por causa do círculo lógico — sabiam muito mais sobre as relações entrecruzadas do sujeito e do objeto do que o prolongamento coerente e oficial da escola neopsicológica ou neokantiana: a imagem perceptiva contém, de fato, conceitos e juízos. Entre o verdadeiro objeto e o dado indubitável dos sentidos, entre o interior e o exterior, abre-se um abismo que o sujeito tem de vencer por sua própria conta e risco. Para refletir a coisa tal como ela é, o sujeito deve devolver-lhe mais do que dela recebe. O sujeito recria o mundo fora dele a partir dos vestígios que o mundo deixa em seus sentidos: a unidade da coisa em suas múltiplas propriedades e estados; e constitui desse modo retroativamente o ego, aprendendo a conferir uma unidade sintética, não apenas às impressões externas, mas também às impressões internas que se separaram pouco a pouco daquelas. O ego idêntico é o produto constante mais tardio da projeção. Num processo que só pôde se efetuar com as forças desenvolvidas pela constituição fisiológica humana, ele se desenvolveu como uma função unitária e, ao mesmo tempo, excêntrica. Todavia, mesmo como ego objetivado de maneira autônoma, ele só é o que o mundo-objeto é para ele. A profundidade interna do sujeito não consiste em nada mais senão a delicadeza e a riqueza do mundo da percepção externa. Quando o entrelaçamento é rompido, o ego se petrifica. Quando ele se esgota, no registro positivista de dados, sem nada dar ele próprio, se reduz a um simples ponto; e se ele, idealisticamente, projeta o mundo a partir da origem insondável de si mesmo, se esgota numa obstinada repetição. Nos dois casos, ele sacrifica o espírito. Só a mediação — pela qual o dado sensorial vazio leva o pensamento a toda a produtividade de que é capaz e pela qual, por outro lado, o pensamento se abandona sem reservas à impressão que o sobrepuja — supera a mórbida solidão em que está presa a natureza inteira. Não é na certeza não afetada pelo pensamento, nem na unidade pré-conceptual da percepção e do objeto, mas em sua oposição refletida, que se mostra a possibilidade da reconciliação. A distinção ocorre no sujeito que tem o mundo exterior na própria consciência e, no entanto, o conhece como outro. É por isso que esse refletir, que é a vida da razão, se efetua como projeção consciente.

O patológico no anti-semitismo não é o comportamento projetivo enquanto tal, mas a ausência da reflexão que o caracteriza. Não conseguindo mais devolver ao objeto o que dele recebeu, o sujeito não se torna mais rico, porém mais pobre. Ele perde a reflexão nas duas direções: como não reflete mais o objeto, não reflete mais sobre si e perde assim a capacidade de diferenciar. Ao invés de ouvir a voz da consciência moral, ele ouve vozes; ao invés de entrar em si mesmo, para fazer o exame de sua própria cobiça de poder, ele atribui a outros os "Protocolos dos Sábios de Sião". Ele incha e se atrofia ao mesmo tempo. Ele dota ilimitadamente o mundo exterior de tudo aquilo que está nele mesmo; mas aquilo de que o dota é o perfeito nada, a simples proliferação dos meios, relações, manobras, a práxis sinistra sem a perspectiva do pensamento.

Referências e fontes

• A observação de Adorno sobre Benjamin (p.25) encontra-se em carta a Horkheimer escrita em 12.6.1941. A carta mencionada no final da seção data de 10 de novembro.

• As citações da *Dialética do Esclarecimento*, tanto ao longo do livro quanto na seção "Seleção de textos", foram extraídas da tradução de Guido Antonio de Almeida: *Dialética do Esclarecimento: Fragmentos filosóficos* (Zahar, 1997).

Leituras recomendadas

O texto básico é, naturalmente a versão integral da *Dialética do Esclarecimento: fragmentos filosóficos* (trad. Guido Antonio de Almeida. Rio de Janeiro: Zahar, 1997). É uma excelente tradução e um instrumento essencial para iniciar leituras sobre a Escola de Frankfurt e o Instituto para a Pesquisa Social.

No que tange aos textos apenas de Adorno, indico — em primeiro lugar e enfaticamente — o livro *Minima moralia. Reflexões a partir da vida danificada* (trad. Luiz Eduardo Bicca. 2ª ed. São Paulo: Ática, 1992). É, igualmente, uma ótima tradução e a obra aborda — a exemplo da própria *Dialética do Esclarecimento* — temas relacionados com a ética, a estética e o conhecimento. Para aqueles que se interessam por música, há ainda a *Filosofia da nova música* (trad. Magda França. 2ª ed. São Paulo: Editora Perspectiva, 1989). Ao contrário dos outros títulos mencionados, a tradução deixa um pouco a desejar, mas a leitura vale a pena pela importância do texto, que é considerado um dos pilares da filosofia contemporânea da música.

Ainda de Adorno "solo" indico dois livros que tratam de questões relacionadas com a cultura e a sociedade no capitalismo tardio: *Palavras e sinais: modelos críticos 2* (trad. Maria Helena Ruscheb. Petrópolis: Vozes, 1995) e *Prismas:*

crítica cultural e sociedade (trad. de Augustin Werner e Jorge M.B. Almeida. São Paulo: Ática, 1998).

No que concerne a obras apenas de Horkheimer, indico, em primeiro lugar, *Eclipse da Razão* (trad. Sebastião Uchoa Leite. Rio de Janeiro: Labor do Brasil, 1976). Trata-se de um conjunto de textos baseados em palestras que Horkheimer proferiu na Universidade de Columbia, na primavera de 1944. Os mesmos temas da *Dialética do Esclarecimento* são retomados, mas com um estilo e um ponto de vista mais particulares do filósofo. Além disso, é interessante ler *Teoria crítica: uma documentação* (trad. Hilde Cohn. São Paulo: Edusp, 1990); nesse livro encontram-se o texto seminal da Escola de Frankfurt, "Teoria tradicional e teoria crítica", e outros textos de Horkheimer com ele relacionados.

Quanto à literatura de apoio, indico meu livro *Adornos: nove ensaios sobre o filósofo frankfurtiano* (Belo Horizonte: UFMG, 1997). Dentre os textos nele apresentados, há um específico sobre a *Dialética do Esclarecimento,* os demais abordando diversos aspectos do pensamento de Adorno, quase sempre tendo em vista a obra escrita em comum com Horkheimer.

Dentre os livros de comentadores já considerados "clássicos", recomendo *As idéias de Adorno*, de Martin Jay (trad. Adail Ubirajara Sobral. São Paulo: Cultrix/Edusp, 1988), e *Para ler Adorno*, de Marc Jimenez (trad. Roberto Ventura. Rio de Janeiro: Francisco Alves, 1977).

Em termos de literatura específica sobre a *Dialética do esclarecimento*, pode-se acrescentar o livro *Seis leituras sobre a Dialética do esclarecimento* (Ijuí, Editora Unijuí,

2009), organizado por Rodrigo Duarte e Marcia Tiburi, contendo textos de Álvaro Valls, Verlaine Freitas, Ricardo Timm e Nadja Herrmann, além dos de autoria dos dois organizadores.

Sobre o autor

Rodrigo Duarte, nascido em Pará de Minas, Minas Gerais, em 1957, cursou bacharelado em Filosofia na Universidade Federal de Minas Gerais (UFMG), onde obteve também seu título de Mestre em Filosofia (1985). Doutorou-se, igualmente em Filosofia, na Universidade de Kassel, Alemanha (1990). Atualmente é professor titular do Departamento de Filosofia da UFMG, atuando principalmente nas áreas de Estética e Filosofia Social. É autor de um extenso número de artigos em publicações especializadas do Brasil, da Alemanha e dos Estados Unidos. Dentre seus livros, os principais são: *Adornos: nove ensaios sobre o filósofo frankfurtiano* (Ed. UFMG), *O belo autônomo: textos clássicos de estética* (Ed. UFMG), *Marx e a natureza em* O Capital (Loyola) e *Mímesis e racionalidade. A concepção de domínio da natureza em Theodor W. Adorno* (Loyola).

E-mail para contato: roduarte@fafich.ufmg.br